© Lito, 2007
ISBN 978-2-244-41943-5

www.editionslito.com

Sophie Lebot

« Ça s'appelle un pot »

Éditions Lito

Depuis quelques jours,
il y a un nouveau truc dans la salle de bains.

Je me demande ce que c'est...

Un tabouret ?
Un vaisseau spatial pour Nafnaf ?
Une piscine pour Raoul ?...

Et si je le mettais sur ma tête ?

Quand Maman m'a vu avec ce machin sur la tête, elle a bien rigolé.
Ensuite, elle m'a expliqué que ça s'appelle un pot,
que les grands garçons qui vont bientôt à l'école,
n'ont plus de couche,
et qu'ils font pipi et caca dans le pot.

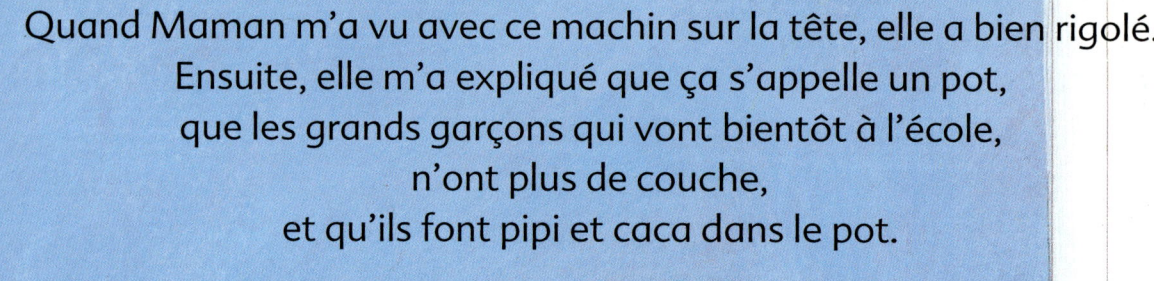

— Viens mon grand,
tu vas essayer.

Ça fait un moment
que je suis assis
sur ce truc.

Mais le pipi, il vient pas.
Qu'est-ce que je m'embête !

Je sais pas faire pipi, moi.

Je préfère jouer.

Mais qu'est-ce que... ? C'est chaud et mouillé.
Mouillé ?
— Maaamaaan !

En voyant le pipi par terre, Maman m'explique que le pot,
c'est pas un jeu, qu'on doit rester assis dessus
jusqu'à ce que le pipi sorte.
— Si c'est comme ça,
moi je préfère garder ma couche !

Le lendemain, Maman m'annonce :
— Aujourd'hui c'est Journée Sans Couche !
Quelle angoisse !
Pas moyen de jouer tranquille. Toutes les cinq minutes,
Maman me demande si j'ai envie de faire pipi.
Même quand je dis non, faut que j'aille sur le pot.

Et puis elle ne me demande plus... et c'est l'accident.
— Maaamaaan !

Comme je pleure, elle m'explique :
— Tu sais, au début c'est normal d'oublier d'aller sur le pot.
Tu vas t'habituer. Bientôt tu seras un grand garçon
et tu seras propre .

— Mais je veux pas grandir moi, je veux ma couche !

Les jours suivants, je n'ose plus quitter le pot.
Je le trimbale partout.

Mais il paraît que le pot doit rester dans les toilettes.
Du coup, j'y vais toutes les cinq minutes.
Pfff, c'est dur de grandir !
Heureusement, la nuit, je retrouve ma couche.

Ça y est !
Je suis un grand !
Je suis propre !
Mes parents sont super fiers.

Y'a juste encore un p'tit problème avec le caca...

Et puis l'autre jour, j'ai réussi.
Elle est là, au fond du pot, ma p'tite crotte à moi.
— Paaapaaaa !

— Wahou ! super mon grand.
Tu viens mon bonhomme,
on va la jeter dans les toilettes.

— Ah ça non alors ! Je veux pas !
Comme je refuse de jeter ma crotte,
Papa et Maman m'expliquent que c'est comme ça,
le pipi et le caca, on le jette, mais que c'est chouette
parce que, comme on est grand, on peut tirer la chasse d'eau...

Tout fier, je tire la chasse d'eau et dis au revoir à ma crotte
qui disparaît dans le tourbillon des toilettes.

Depuis quelques jours, j'ai trouvé un nouveau jeu...
Mais chut ! faut pas le dire à mes parents !

Lito
41, rue de Verdun 94500 Champigny-sur-Marne
Imprimé en UE
Loi n° 49-956 du 16 juillet 1949 sur les publications destinées à la jeunesse
Dépôt légal : juin 2007